Inhalt

Corporate Bonds

Kernthesen

Beitrag

Fallbeispiele

Weiterführende Literatur

Impressum

Corporate Bonds

M.Floßmann

Kernthesen

- Auf reges Interesse - vor allem auch bei institutionellen Anlegern - stießen in den vergangenen Monaten Corporate Bonds (Unternehmensanleihen).
- Versicherungsunternehmen und Pensionskassen, die infolge der Reduzierung ihrer Aktienbestände hohen Anlagebedarf aufweisen, aber auch Privatanleger, suchen akzeptable Renditen bei den von Unternehmen emittierten Anleihen.
- Die Renditechancen ergeben sich aus der Übernahme von Bonitätsrisiken, die dem Anleger je nach Rating des Unternehmens in Form von Zinsaufschlägen (Spreads) vergütet werden.
- Die Kurse der Corporate Bonds zeichneten

sich in letzter Zeit trotz abnehmender Spreads im Gegensatz zu den Aktienwerten durch Stabilität aus.
- Das günstige Umfeld ausnutzend, konnten am Jahresanfang beispielsweise die Deutsche Telekom und France Télécom trotz mäßiger Ratingbeurteilung Neuemissionen mit 30-jähriger Laufzeit platzieren.

Beitrag

Erfolgreiche Anlageform

Corporate Bonds sind so erfolgreich wie schon lange nicht mehr. Sowohl institutionelle Anleger als auch private Investoren wenden sich auf der Suche nach rentablen Alternativen zur Aktienanlage den Unternehmensanleihen zu.

Seit Beginn des Jahres 2003 kamen Titel in hohem Umfang auf den Markt. Unter anderem brachten die Deutsche Telekom (Rating Moody's unlängst gesenkt auf Baa3) sowie die France Télécom 30-jährige Anleihen an den Anleger. Dies zeigt, dass zu Gunsten akzeptabler Renditen - der Renditevorteil der Telekom-Anleihe gegenüber einem vergleichbaren

Bundespapier beträgt ca. 2,7 Prozentpunkte - auch Firmenbonitäten im mittleren Ratingbereich in Kauf genommen werden. (8)

Entsprechend positiv entwickelten sich auch Corporate Bond-Fonds. Der Bundesverband Deutscher Investmentgesellschaften verzeichnete Ende 2002 ein Fondsvermögen von 4,2 Mrd. Euro, das sich auf 27 Produkte verteilte (die Zahlen beziehen sich auf die Mitglieder des Verbandes). (2)

Interessant sind vor allem innovative Produkte im Bereich der Kapitalmarktinstrumente. Sie bieten dem Anleger je nach Risikobereitschaft vielseitige Möglichkeiten. So finden sich am Markt beispielsweise von Kreditinstituten emittierte Credit Linkes Notes, bei denen die Zins- und Tilgungsleistungen von der Zahlungsfähigkeit bestimmter Schuldner-Unternehmen abhängen. Vorab definierte sogenannte Kredit-Ereignisse (z. B. Zahlungsverzug, Zahlungsausfall) haben für den Investor bestimmte Leistungskürzungen (Kupon- und/oder Tilgungsschnitt) zur Folge. (1)

Abkoppelung von Aktienkursen

Außergewöhnlich an der momentanen Konstellation

ist die Abkoppelung von den Aktienkursen. Üblicherweise korrelieren die Kurse der Unternehmensanleihen weitgehend mit den Aktienkursen. Entgegen fallender Kurse an den Aktienmärkten präsentierten sich Unternehmensanleihen in der vergangenen Zeit jedoch relativ gefestigt. Der durchschnittliche Renditevorteil von Corporate Bonds gegenüber Staatspapieren liegt in Europa bei etwa zwei Prozent. (3)

Was macht die Corporate Bonds derzeit so interessant?

Die schlechte Verfassung der Aktienmärkte veranlasste insbesondere Versicherungen und Pensionskassen, sich in großem Umfang von ihren Aktienbeständen zu trennen. Der daraus resultierende hohe Anlagebedarf, verbunden mit der Suche nach einen Mittelweg zwischen Risikoreduzierung und Renditechancen, bewegte vor allem diesen Anlegerkreis zur Investition hoher Beträge in Unternehmensanleihen. Auch Privatanleger weichen aufgrund anhaltender Skepsis gegenüber Aktienanlagen auf Unternehmensanleihen aus.

Risiken bei Corporate Bonds

Neben allgemeinen Kapitalmarktrisiken wie Zinsentwicklung ist bei Corporate Bonds das Bonitätsrisiko von wesentlicher Bedeutung.

Grundlage für die Bonitätseinschätzung ist ein Rating einer international anerkannten Ratingagentur. Nach zahlreichen Rating-Downgrades bereits in der Vergangenheit - zuletzt standen u. a. Probleme bei der kurzfristigen Liquidität sowie außerbilanzielle Schulden im Fokus - geraten nun die Pensionskassen ins Visier der Ratingexperten, So veranlassten ungedeckte Verbindlichkeiten bei den Pensionszusagen die Ratingagentur Standard & Poor´s bereits, die Ratings einiger europäischer Unternehmen herabzustufen; darunter ThyssenKrupp, Deutsche Post und Linde. (5)

Vor dem Hintergrund der rasanten Entwicklung des Corporate Bond-Marktes, der sinkenden Schuldnerbonitäten, höherer Anlegerrisiken und Interessenskonflikten zwischen Share- und Bondholdern wird die Bedeutung von Covenants größer. Diese in den Emissionsverträgen festgeschriebenen Klauseln sollen Investoren vor unerwünschten Risiken bewahren. Gängig bei Eurobonds sind beispielsweise Change of Control

Provision, Negativ Pledge sowie Cross Default-Clause. (9)

Fallbeispiele

Robeco:

Robeco, ein niederländischer Vermögensverwalter bietet privaten Anlegern erstmals die Möglichkeit, in einen Bond für Credit Default Swaps zu investieren. Unter der Bezeichnung CDO VII Bond fand das Produkt großen Anklang in den Niederlanden. In Deutschland sind CDO-Bonds noch nicht offiziell zum Vertrieb zugelassen. (6)

Beispiel für Credit Linked Notes:
(1)

Cobold (= Corporate-Bond-Linked-Debt)-Anleihe
Referenzunternehmen: Ford und General Motors/
Rating Baa1/BBB bzw. A 3/BBB
Sollte bei einem der beiden Unternehmen ein Kreditereignis auftreten, erhält der Anleger statt der Zins- und Tilgungszahlung Anleihen des vom Kreditereignis betroffenen Unternehmens.
Der Risikoaufschlag zu einer entsprechenden Bundesobligation beträgt in etwa 330 Basispunkte.

Ratingstatistiken als zusätzliche Entscheidungshilfe bei der Kapitalanlage in Unternehmensanleihen:

Die Ratingagentur Standard & Poor´s kann auf eine bis 1980 zurückreichende Datenreihe zurückgreifen. Die Statistik besagt beispielsweise, dass das Ausfallrisiko mit 31 % Quote (Stand Ende 2002) für Unternehmen, die zwischen 1996 und 2000 geratet wurden, außergewöhnlich hoch ist. (10)

Weiterführende Literatur

(1) Corporate Bonds werden attraktiv verpackt
Strukturierte Unternehmensanleihen wie Credit Linked Notes rücken in den Fokus der Anleger
aus Börsen-Zeitung, 01.02.2003, Nummer 22, Seite 5

(2) Neue Produkte von Fidelity und Threadneedle - Renditeerwartung bei sieben bis acht Prozent Corporate-Bond-Fonds im Aufwind
aus Die Welt, Jg. 54, 31.01.2003, Nr. 26, S. 19

(3) Versicherer und Pensionsfonds ersetzen Aktien durch Unternehmensanleihen
aus Frankfurter Allgemeine Zeitung, 17.02.2003, Nr. 40, S. 26

(4) Institutionelle Anleger auf Kuponjagd
aus Frankfurter Allgemeine Zeitung, 19.02.2003, Nr. 42, S. 23

(5) Eurobondmarkt Problematische Defizite der Pensionskassen Deckungslücken als Zeitbombe am Kapitalmarkt
aus Neue Zürcher Zeitung, 10.02.2003, Nr. 33, S. 19

(6) Frischer Wind aus Holland Der Vermögensverwalter Robeco bringt die ersten Bonds für Credit Default Swaps auf den deutschen Markt
aus FTD Financial Times Deutschland vom 17.01.2003, Seite WE5

(7) High-Yield-Bonds erfreuen die Anleger
aus Börsen-Zeitung, 29.01.2003, Nummer 19, Seite 4

(8) Illing, Christine, Großinvestoren unter Anlagedruck, Süddeutsche Zeitung, 22.01.03, Ausgabe Deutschland, S. 25
aus Börsen-Zeitung, 29.01.2003, Nummer 19, Seite 4

(9) Moral Hazard und Covenants am Euro-Unternehmensanleihemarkt
aus Die Bank, Heft 11/2002, S. 774-779

(10) Allenspach, Urs, Ratingstatistik: Aufstellungen zwischen Erkenntnisquelle und Zahlenfriedhof, Finanz und Wirtschaft, 19.02.2003, S. 34: AUSLAND
aus Die Bank, Heft 11/2002, S. 774-779

Impressum

Corporate Bonds

Bibliografische Information der deutschen Nationalbibliothek

Die Deutsche Nationalbibliothek verzeichnet diese Publikation in der deutschen Nationalbibliografie; detaillierte bibliografische Daten sind im Internet über http://dnb.d-nb.de abrufbar.

ISBN: 978-3-7379-0668-5

© 2015 GBI-Genios Deutsche Wirtschaftsdatenbank GmbH, Freischützstraße 96, 81927 München, www.genios.de

Alle Rechte vorbehalten. Dieses Werk ist einschließlich aller seiner Teile – z.B. Texte, Tabellen und Grafiken - urheberrechtlich geschützt. Jede Verwertung außerhalb der Grenzen des Urheberrechtsgesetzes bedarf der vorherigen Zustimmung des Verlags. Dies gilt insbesondere auch für auszugsweise Nachdrucke, fotomechanische Vervielfältigungen (Fotokopie/Mikroskopie), Übersetzungen, Auswertungen durch Datenbanken oder ähnliche Einrichtungen und die Einspeicherung und Verarbeitung in elektronischen Systemen.